音のむこうに

TASHIRO Yuri
田代ユリ

文芸社

音のむこうに

さすらい人になるたのしみ
ほんの些細なことでも身の回りのあらゆるものが自分に働きかけている
なのに時折感覚が錆びて行ってしまっているかのような気がしないでもない

伏し目がちに歩いていて急に陽が上ったのを感じて顔を上げると
まつ毛の一本一本に陽が当たってキラキラまぶしいほどに輝いている

記憶のかけらからよみがえる感覚、現実とも夢ともつかない中での散歩
からだ丸ごとイメージの中をさすらうのは素敵だ

控えめに隠れているくせに、こちらの気を引く。

はち切れんばかりの姿が誇らしげで、いかにもかまって欲しそうな気配。

横目でちらっと見ると、いっそう胸を張ってアピールしてくる。

しばらくじいーっと見つめるだけにして焦らしてやる。

ほら隣にも……身を固くしてうつむいている。

顔を上げてごらん――そっと手を伸ばす――と、さっきのがピクッと震えたかと思うと、いきなり反り返った。

左に目をやると、溌溂とした、いかにもおしゃべり好きそうな紅い唇が開いて、何か言った。

＝＝＝鳳仙花

東京都庭園美術館。

日本に現存する代表的なアールデコ建築。旧朝香宮邸。デザイン関係の美術展がなかなか楽しいので、たまに出かけた。場所が白金というのもうれしい。「私の好きな東京」展に私が挙げた所でもある。

都内の好きな場所を決めて短いコメントを書くと、写真を勉強している学生さんがその場所を撮影する。コメント付き写真展というのだろうか。とにかくいろいろな人がいろいろな場所を推挙する。行ってみたい所がたくさんできてしまった。「コンサート以外に行ってみようと思う展覧会」、その多くをここで楽しんでいるような気がする。いくとおりもの楽しみが、この一角にはある。間近に見ることのできる美術展そのものはもちろん、建物内部のあちこちにうかがえる伝統的ヨーロッパの味わい、そしてコンパクトな庭園の池では、日向ぼっこしている亀クンの姿も……

お茶をして、ちょっとお隣の自然教育園へ。子供の頃、小鳥の餌にと摘んでいた「はこべ」やらソックスの〝おともだち〟だった「いのこづち」やらも、ちゃんと名札をつけてもらって、でもあまり人の手が加えられていない、そのさりげなさがいいのだ。

付近のかわりつつある目黒通りのスタジオへ。

都会生活の日々の中での、いろんな時代の感覚が音楽と一緒におぼろに現れる。

「小旅行」

短い草の陰に、ちっちゃな白い花が震えるようにひそんでいる。
緑の葉が少し増えて、黄色い花が咲くようになったらいよいよ春か……。

電車の軌道が、クリスマスローズの茂みから草むらになって、グリーンベルトになってきたら、そろそろ梅雨がやってくる。

「楽しみながら歩くと風が見えてくる」
エッセイ講座の折、辰濃和男氏（Mr.天声人語）が私の原稿に直接批評くださったお言葉でもあります。

旅でなくとも、ぶらりと散歩に出るのは五感のリフレッシュに最適な方法。
脳幹には自然をインプットする場所がある。

音楽＝自然。
落葉松の葉の舞う音、背の高くなったコスモスが揺れる音……
やさしい風の音に、心和むことがしばしば。
条件次第でやってくるイメージはさまざま。
そして、それはある時、忍び足で鮮明によみがえってくる。

いつごろからか、花にも淡いグリーン色が見られるようになった。

初めて見たのはオランダの美術館の庭園。小ぶりの紫陽花だったように思う。

一本の茎が上へ向かって伸び、左右交互に小ぶりの花をつけていた。

ガクだけのようで、顔を寄せて見ると、ちゃんとグリーンの花びらがぎっしり並んでいた。

花ではないと教えられても、花に思える。

NHK番組「素晴らしき地球の旅」ロケで、アムステルダム国立美術館を訪れた時のこと。

たまたま休館日で人の姿もなく、古い家具のような、乾燥した絵の具のような匂いが立ち込める館内。階段を上がり指示されるままに部屋に入ると、まず左手の「碧いターバンの少女」（真珠の耳飾りの少女）の目と出会った。

奥へ進むとレンブラントの「夜警」や「テュルプ博士の解剖学講義」が。

大きな絵の前に立つと、まるでその時代へ戻ったような錯覚に陥る。

静かな感動を胸に移動すると、数人の男たちが黒い服に身を包み、口元に品のよい笑みをたたえてこちらを向いている肖像画が目に留まる。
しばらくしてディレクターが、
「手がきれいでしょう？　みんな。描かれている人物たちが上流階級に属すると
いうのが、手を見るとわかりますね」
美しい手にはたるみや皺がない。外科医の手もきれいだ。
楽器を操る演奏家の手は、これまた魅力的である。
音楽を紡ぐ手の、その美しく無駄のない理知的な動き……

二〇〇三年、〝日本で見られる最初で最後の機会！〟の謳い文句につられて、「ショパン展」を見に府中市美術館へでかけた。

平日にもかかわらずなかなかの人出で、やはり女性が多い。入ってすぐは、ポーランドという国の昔の地図、そして歴史。ショパンの友人たち、支援者の肖像画や手紙。ここまではスイスイと見ることができた。次にショパンが友人にあてた手紙、まずどんな字を書いていたのか見たくて、ガラス越しに覗き込む。粒のそろった斜めのペン書き文字が連なっていた。展示されていたのはいずれも短いものであるが、筆致からはそれほど神経質でもエネルギッシュでもない感じを受けた。

一番見たかったのが自筆の楽譜であるが、これがショーケースの中の壁に架けられていたため、目の悪い私にはほとんど見えなかった。後ろに人がいたので、あとでもう一度もどってくることにする。

居室、寝室の再現やドラクロアによる「ショパンとジョルジュサンド」の復元画があるところには、サンドにまつわる話や手紙、亡くなる時の様子などがパネルにされていて、一番の混雑、皆が立ち止まってじっくり読むので渋滞してしまう。これもあとにしようと、一人勝手に順不同に歩き回った。

入り口近くのリトグラフや復元画には当時の建物や人々の様子が描かれているのだが、そのうちの何枚かにピアノを弾くショパンの姿があった。それはポロネーズを踊る人々のピアノ伴奏をしているように見える。コンサートではない。サロンの平場の片隅で弾いているのだ。

この構図は、金持ち主催のパーティに呼ばれてダンスの伴奏をさせられているピアノ弾きといった感じ。

素敵な貴公子にピアノを弾かせておいて、踊るも自由、語るも自由、なんて情景。

気持ちを切り替え、楽譜へ戻る。

ケースの中、手前に初版本がある。壁付けになった三点の自筆楽譜は、ガラスに鼻をこすりつけるようにして、あるいは角度を変えて、目の絞りを調節して、必死に見ようとするのだが、やはり遠すぎる。後ろへ回り込むことで、何とか一点だけ見えた。「マズルカ」のスケッチ。これは他の二点よりはっきりしていて、想像していた形に近かった。「リトアニアの歌」は、ぼやけているのと筆が流れているのとで、残念ながらよくわからなかった。

肖像画やブロンズのショパンは、どこかで見知った表情。皆、甘いマスクで詩人という言葉がぴったりくるのだが、貴重な一枚とされる銀板写真に写っているショパンだけは全く違っていた。その表情は気難しく、サンドとの別れ、創作意欲の減退、病の悪化などの苦悩がうかがえるかのよう。亡くなる年に撮られたものだった。

遺髪というものはケースに納められていても生々しいもので、あまり見たいものではないが、これこそ一生に一度しかないと思い直して覗き込んでみた。どこかで思い込んでいた柔らかな白っぽい金髪ではなく、それは栗色に近かった。

デスマスクと左手（オリジナルの石膏型原寸大のもの）。まるで女性の手のよう。手と音楽があまりに合致していて、じっと見ているだけでショパンの弾くピアノが聴こえてくるような気がした。

私にとって格別美しいと思っている手がある。

体格のいいその人の、たくましくも繊細な指が楽器にすっと並べられる。客席のざわめきが止み、皆が心待ちにしていた想いがひとつになって、ステージに向けられる。リサイタルにもかかわらず、とがった緊張感はなく、和やかな空間にいられる幸せ。

彼がおもむろに息を吸う……吐き出す息とともに、最初のひと弓で音が待ちきれなかったかのごとくに噴き出してくる。

楽器を震わせ、空気を震わせて……

なんだかよくわからないがよく知っている想い、あの感覚、寒くて暖かくて懐かしくて不安で、悲しくて幸せで、寂しくて嬉しくて、体中鳥肌が立つ。

たのしい光景が浮かんできたりするのでもなく、昔の思い出をたどるのでもない。私の中のあらゆる感覚の記憶が、一斉に吸い出され宙を漂い始めるのだ。

「魂のチェリスト！」

我に返って、弦を押さえる彼の指の生き生きとした無駄のない動きにほれぼれ。右手はと言えば、弦に吸い付く弓が大小の振幅を自在に抑え込み、手首や肘が的確に角度を変える。弓を支える指のバランス感覚や圧のコントロールが、実に微妙な変化を生み出す。じいっと見ていると、こちらも一緒に音を紡いでいる、チェロを弾いている気にさせられる。

そして思ってしまうのだ。「あの手に抱かれたら……」

考えてみれば不思議だ。特に親しい友達でもなく違うジャンルにいるのに、私の感覚のツボを心得ているかのよう、まるで私自身の歌のように聞こえてくるのだから。彼と私に何か特別な結びつきがあったふうにさえ思える。

もしかしたら前世には、森の中では鳥の声に惹かれ、さまよい、真夏の夜にはくちなしの花の香にむせび、朝方の浜辺では遥か水平線の向こうに自分を遊ばせてみたりしていたのだろうか。意識とは別の、遥かな記憶の底に埋め込められている感覚が、すごくよく似ている気がする。

大事な宝物を両手で抱きしめるようにしての帰り道、どうやって帰ったのかもよく覚えていないが、涙があふれてしようがなかった。あの涙は哀しみでも歓喜でもない。心が揺さぶられた結果、私から生まれた〝とっときの宝石〟だと思っている。

徳永兼一郎氏。

その後、何回聴きに行っても、心震える想いは変わらなかった。


握手をしたことがある。

あの素晴らしく整った頼もしい手は力強く、その温かさはすごい速さで私の胸の中まで伝わってきた。

もう会う術はないが、あの彼の音色と手の感触はしっかり私の中に残っている。

コンサート帰りは一人になることが多い。その時の感覚を反芻《はんすう》する時間があると、その感動を言葉に置き換えることもできる。

❖

ウェンブリーでの録音の帰りにイングランドからスコットランドへ。なだらかな丘が続く。うねうねと細い道をなぞる、背の低い茶色い石垣。羊たちを眺めながら湖水地方へ。ぼんやり小雨に煙るようだった湖のほとりに小さな町が姿を現す。しだいに色が浮かび上がってくる。グレーがかったグリーンの草木、パープルがかった赤い花、イギリス色だ。

木々の間に覗く湖畔を過ぎると、道には人がちらほら見えてくる。老夫婦や三世代家族のおおらかな動き。小さなこどもたちは活発であっても騒々しくない。ウィンダミアの町はそれごと絵本。かわいらしい建物。窓辺の赤い花々。子供の頃憧れたクリスマスカードや本の情景が、一瞬にして重なる。生まれ育った国でもないのに、ひたすら懐かしい思いがあふれてくる。日本だったら質が悪いといわれてしまいそうな粒子の荒い写真や、色褪せた感じの絵葉書を売っていても、許せてしまう。荒々しく厳しいスコットランドの大地の姿を映した写真集を買ってみた。

町はずれのちょっとした場所で足を休める。公園でも庭でもなさそうだ。言ってみれば、小さな小さな石造りの野外ステージ風空間である。もし今ここにバイオリニストが弾きながら現れても、ごく自然な風景になるだろう。

夕方になると燻し銀の湖面は、沈みかけた陽を映して燻し「金」となり、さざめく波は白鳥の白さをほの暗くする。ペンキのはげかけたボートが何隻も、傾いたまま湖岸に横たわっている。朽ちかけた木の桟橋が時折きしむ音と、ヒタという小さな波音の寂しさに浸り込んでしまっていると、眠っている時のように呼吸が深く、回数も少なくなった。陽が沈むまでが長く感じる。

母国がイギリスのディーリアスという作曲家は、自然と人間を同化させて描いた詩人のように私はとらえている。

「ディーリアスの生涯」というビデオを見たことがある。

ディーリアスの音楽は春の森。

「Over the Hill and Far away」

うすい絹織物が時折そよぐような、弦楽オーケストラの音。

陽の光と暖かさを求めてやまない訴えが、私の琴線に触れてくる。

彼が決して恵まれた人生を送ることができたとは言えないようだ。少なくともビデオに描かれた彼は、作品から受ける印象とはかなり違っていた。イギリスのチェロ奏者、ジャクリーヌ・デュ・プレの映画にしてもそうだったが、配役や演出は相当吟味して本人に近くしてあるに違いない。ストーリーも多少の脚色はあっても嘘はないはず。私の中に知らず知らずのうちに自然にできあがっていた、〝恵まれた環境で、森の中の散策を日課とするデリケートで温厚な人〟の姿が見事に打ち砕かれた時、しばし呆然、何も手につかなかった。「見なければよかった」である。

音楽の芸術的評価ではドイツ、ロシアが圧倒的な中での苦悩は想像に難くないが、母国においても自分の楽曲が演奏されずに他の作曲家ばかりが取り上げられることへの怒りと抗議から国を出る。作品への情熱、愛国の想いとは裏腹な現実に阻まれ、精神を病んでしまう。ヒステリーの発作は息をのむほどで、周りの人も次々に去って行ってしまう。さみしい晩年。

ラストシーンでは、命の灯が消えかけたその時、ＢＢＣラジオで作品が流れる。

傍らにいて世話をしていた女性が、

〝かかりましたよ！　先生の曲です、ＢＢＣですよ。ほら、きこえますか!?〟

……やっと安らぎの表情がうっすらと浮かび、息を引き取る。

このビデオを見てしまってから、ディーリアスはしばらくの間封印。

生の目で見たことが無くても目に焼き付けられることがある。

「イトムカの入江」…固まった!

緑の濃淡と透明な湖。
命がぎゅっと凝縮される気がして怖いほどに美しい。
行ってみたいなどと言えるものではない。
恐ろしさが先に立つ。
イメージなど動く暇はない。

この緊張をほどくには……Von Williamus の三楽章でも聴かないことには。

深い緑と言えば……

不在中に溜まった郵便物の整理をしていた時のこと、ＤＭの催し物ページの中に、美術展案内といくつかの作品の写真が載っていた。ぼんやり眺めているうちに一枚の絵が気になりだし、実物を見たくなった。

問い合わせをすると明日までの開催期間だということだったので、私としては珍しく、直ちに現地へ。そして他の作家には目もくれず、きれいな絵が並ぶ中、気になる一枚を足早に探す。

仕切りを越えた奥まった壁にそれはあった。心臓は波打つ。

カンバスいっぱいの緑に圧倒され、体中鳥肌が立った。肉厚な絵の具、力のこもった筆の運び、作家の息遣いが聞こえるような気がした。

しばし立ち尽くす……と、後ろからひそやかな声がした。

「この絵、お好きですか？」

「ええ」とおざなりの返事。すると、

「実はこの作家、つい一週間前に亡くなったんですよ」

出口の手前にコーナーが設けられていて、ビデオがかかっていた。

そこには黒いシャツ、ウエーブのかかった黒髪の精悍な男＝トレンツ・リャドがカンバスに向かう姿があった。

❖

眉間の中央が熱い。

眼球が圧迫されている。まぶたの裏が暗くなったり明るくなったり、油膜のようなものがゆっくり移動している。

遠くに現れた一点の白色光が明るさを増す。

幾筋もの足の長い光彩に、眼球を焼かれてしまいそうだ。

それは煙がゆっくりと渦を巻いている中を、急速にこちらへ向かってきて、ものすごい速さで拡大し、一瞬にして私を突き抜けた。

煙の渦がほどけてランダムな流れになり、熱さが遠のく。

〝向こう〟を探ってみるが、同じ煙の幕が揺れているだけで、手がかりになるようなものは何もない。

ダイヤモンドダストのようなものが、数は少ないが宙を舞っている。


やがて、透明な空気が入り込んできたのだろうか、わずかずつではあるがすべてが薄まって消え始めた。

向こうが見え始めた。抜けるような青一色だった。

あの青を身に纏いたい……

音楽
サウンドには色がある
それが楽曲でなくとも、一つのフレーズに心震えてにじみ出てくる涙がある
たったひと言が旋律に響いて、心に迫ることも
身体が持っている、あらゆる記憶された感性が動くきっかけは、たくさんある
過去の感情が揺さぶり起こされる
自然の恵みに思わず湧き上がる感動
それらすべてが音楽の、いわゆる演奏表現につながっているのだろう
こなれた感覚の記憶は自然に表れる

＃○×△※＄★◎￥♭

無……の音ってあるもんだと思ったことはないだろうか？

耳元ではなく身体全体に覆いかぶさってくる低くて重い唸り音。

真っ暗な庭には遠くに松明が一本あるだけ。

自分の呼吸も心臓の動きさえも闇に吸い取られてしまったかのよう。

これまで見たことのない南国の星空は奥の奥まで無限に広がっていて、グラニュー糖をばらまいたような中に見知った星や星座など見分けられるわけもなく、ただただ宇宙に飲み込まれてゆくような気がして怖くなった。

下の方でササッと草が鳴る。トカゲか何かだろうか…平衡感覚が戻って何だか安心した低くて重い音に変わって、耳の中がシーンと鳴りだす。

そのうちに星たちがゆっくり回りだしたように思えた。何度も瞬きをしてみる。

目を目いっぱい開いてみたりしても、闇といっぱいの星しかない。

恐怖感に耐えられなくなって、あわてて懐中電灯をつけた。

梅雨の頃から夏は地面からにおい立ってくる。
ひと雨ごとに土や植物の息吹が濃厚になって、ある日突然真夏がやってくる。
むせるほどに甘い、濃密なにおい。
百合か……くちなしの花、それだけではない。
むちっとまとわりついてくる夏の夜のにおい。

昼間太陽の熱を吸った敷石が、さめてヒンヤリとした石板に戻るにはどれほどの時間がかかるのだろう。冷えてゆく時にはやはり〝ピシ〟とか音をたてるのだろうか。

いつから夜行性の生き物たちが活動を開始したのか、地中でズズ――という抑揚のない音が鳴っている。

動くものの気配はない。

中庭の灯が消えてからずいぶんと時が流れた……

❖

なんとなく潮のにおいがしてくると年取った今でもそわそわしてくる。

坂道の向こうにだんだん見えてくる光り輝く海。

昼間の海は「Wave」夕暮れ時の砂浜は「浜辺の歌」。

日本海は岩場で焼くアワビのにおい。♪海は荒う～み～向こうは佐渡よ～。

タヒチはどこまでも真っ青でなめらかな海。
首まで浸っているのに自分の足が海水を通して見える！
三角波はやわらかく身体に寄せ。
まるでなめる如くにやさしい。

◇

二〇〇一年、ＮＹでミュージカル「アイーダ」を観た。半年後にはテロが起きてしまうのだが、その時はまだブロードウェイも連日大賑わいで、チケットも日本出発前に頼んでおくといった状況だった。

音楽はエルトン・ジョン、ストーリーは現代に置き換えられている。

ラダメス役のアダム・パスカルの声が耳に残った。

ソフトなポップス声ではなく、クラシックでもなく、甘ったるい中世的な声ではないし、ブラック系でももちろんない。

木管系ではなくリード系。イタリア的な艶と毒っぽさを含んだ声をしていた。

けっして大柄ではなくむしろ華奢な体躯に見えたが、その声には太い芯があり、ミュージカル全体を色付けしていた。

オーディション風景を想像する。北から南から、西から東から、いろいろな声の持ち主が集まるはず。このラダメス役においては、声質こそがキーポイントだったというのは言い過ぎだろうか？

歌詞の内容よりも音楽全体として聴いてしまう私は、歌手についても声＝楽器のように感じているのかもしれない。私の永久保存版は「クラシカル・バーバラ」である。

時代の移り変わりとともにいろいろなジャンルの音楽を経験し、自分の声質や表現に合った楽器編成やアレンジまで知り尽くした彼女の集大成であろうバーバラ・ストライザンド、男ならやはりパヴァロッティをあげる。息の絞り方でコントロールするのだろうか、実に巧みに響きを作り出すと思う。伸ばした音に弦楽器のような色彩的変化が感じられる。歌詞が無くてもすいこまれてしまう。

近くの公園のベンチでバイオリンの練習をしている女性がいる。そろそろコンサートの時期か？

たまたま通りすがりに見かけるのだが。平日の午後、犬の散歩中に休憩にやってくるおじいさんや昼休みのタクシードライバー、保育園帰りの子連れママがちらほらする中で、ベンチに落ち着いた大学生ともＯＬとも見える彼女は楽器ケースを開け、横に楽譜を広げておもむろに弾き始めるのである。足元は黄色い落ち葉がちらほら……。

楚々とした様子に私は見て見ぬふりをして通り過ぎる。が、無意識に耳がダンボになって、何かしらのメロディをとらえようとする。デリケートなバイオリンの細い音は雑音に紛れ、飛ばされて行ってしまう。毎日かどうかはわからないがマフラーが要るような時期になっても姿を見かけるということは、家で音を出せない何かの事情があるのだろう。

音楽の体験を積み重ねることこそが、生きることの充実につながる。音楽的なるものは、音の芸術だけにかかわるのではなく、より広く、「生命の躍動《エラン・ビイタール》」の色艶を増し、力強さに拍車をかけることにつながるのである。

（茂木健一郎『すべては音楽から生まれる　脳とシューベルト』）

人間らしさの証「脳力」の中で、ともすると鈍りがちな感覚を生き生きさせておくには〝音楽するのが一番！〟。普段からイメトレを心掛けている人はメモリー回路を開くのが早い。

ちいさい時、思ったことがある。
〝こんにゃくの上を歩いてみたい……〟

五感の記憶に残るほとんどは幼児期からの成長過程での体験によると言う。まだ寒い朝出かける時に鼻をかすめる水仙のにおい。こどもの頃知っている強い香りではなくなっていても、春が近いことを知らせてくれている。

鮮明であったはずの記憶は、しかし育ってゆくにつれ行動範囲が広がりあれもこれも体験しているうちに、とろとろスープを箸でかき回して〝フカのひれの残骸〟を探すがごとくになってしまう。ショッキングな場面もマスキングを施されてスープの底に沈められる。

成長してからのそれは、環境条件付きメモリーとなる。誰それと、あるいは仕事と、はたまた事件と結びついている。数えきれない程インプットされても大半が忘却の彼方へ。現実に目に見える事柄ばかりに追われていると感性が眠ってしまうらしい。

中で比較的スンナリ思い出されるのは、どこかで幼少の頃の五感の記憶と結びついているものばかりのようだ。デ・ジャヴなんて体験になることもある。

いちいち追求せず過ぎ去るままにしている〝あの、感じ……〟こう口に出して思い出をたどる時、誰しも必ず目は空ろになっているからおもしろい。

老いた人が遠くを見るともなく見ている姿は、五感の記憶の旅をしているように思える。言葉にはならない、とりとめない思い出のかけらをぼんやりイメージしているのかもしれない。

たまには、さすらい人になるたのしみもいいかな……

トシに関係なくともイメージ力や判断力が鈍ると、買物ひとつでも失敗する。これぞ浪費とメタボの元。美化されようが醜化されようが記憶がこなれたものがイメージ。

空想もイメージ。教養もイメージと言われる。

プロもアマチュアも、イメージがすぐ浮かぶようなら、きっと楽しく音楽できているだろうと思う。

精神医学に「認知療法」というのがある。以前フロイトからユング、ロジャース、認知行動療法までの流れを学んだ時に知ったのだが、比較的最近一般的にも話題にのぼるようになって少しばかり驚いた。

これはカウンセリングで行われる方法の一つで、漠然とアタマの中にあるモヤモヤを文字で書き記してゆくことで自分の状態を明確に知り、鬱の原因を患者本人が知ることが状態の改善に役立つと言われている。鬱病ではなくても鬱状態にある人がかなりの割合で存在すると教えられていたが、あれから十年も経たないのにテレビで、しかもゴールデンタイムに紹介され驚いたわけである。それほど悩んでいる人が多いということなのかと。

療法ではないが、同じような方法でイメージ力を鍛えることができる。

実践してみると＝はじめはなかなか言葉が返ってこなかったものだが＝三、四回目にはそれぞれの感覚を言葉で伝えられるようになってくるので、なかなか効果的だと思っている。

たまに〝プレデター〟のような鳥がやってくる。

トリルのような音声がしばらく続きその後不気味な唸り声になる。

この鳥は気分によって鳩の真似もする。

時折庭の木や塀にいてこちらをじっと見ているのがいる。目が合うと上から直滑降してきて頭をつつかれそう。町内のカラスですヨ。


高いのがお好き？

低い方が落ち着く？

縦にのびるのと横に広がるのとでは、どちらがいい？

高い音というものは上へ行くほどに輝きを増し、緊張感が心を震わせる。バイオリンの繊細な高音に惹きつけられることも多い。期待に反して高音の波がふわふわ暴れまわるような、あるいは粘着きが喉を通らないような演奏に出会ってしまうとつらいものがある。同じバイオリンでも加藤知子さんの華奢でない音色と大きなとらえ方は好きだ。いつも安心感に包まれていられる。

ひと頃チューニングの基準が上がって440ヘルツから次には442まで行ったことがある。家のピアノを見てくれる方曰く、

「今はNHKでも443までいきましたからね！」

ピアノ弾きとしては〝まあいいか〟だった私も、あまりの音の違和感に441に戻していただいた。

高い音は華やか、人の声もそう。

若い女子学生の笑い声ははじけるように明るい。コロコロ笑ってキャーキャー言って……しまいにクラスターになる。

ソプラノやテノールにどうしても注目が集まるのは、しかたないだろう。

ある時、はっとさせられることが起こった。

NＨＫ東京児童合唱団）のリハーサルを覗きに行った時のこと。新作の組曲ということで引き締まった空気だったのだが、ソロの女の子が歌いだした途端に思わず笑ってしまった。
耳に飛び込んできたのは、
♪アルトってつまらない……ソプラノが顔ならアルトは足の裏……♪
おいしいところは皆ソプラノの領分で、アルトは地味で損というわけだ。あまりの率直な言葉に半ば驚いて演出家に尋ねたところ、このくだりはソロをとっている女の子の詩をそのまま生かしたそうで、なるほど説得力があるものだと感心。大人には言えない言葉だ。

あの年齢ならそう思うのも不思議ではない。まだ大人の声のふくよかなアルトではないのだから。

ふと思った。彼女が大人の声を持った時、それがやはりアルトだったらどう思うのかと。

楽器で言えば、アルトフルートもイングリッシュホルンもビオラもある特定の音域では、「まさにそこ！」と言ってしまうようなツボを刺激する音色を持っているのに比べて、クラシックにおける〝声〟のアルトは確かに地味である、空気漏れしているように思うことすらある。

合唱とソロとでは違って当たり前で、ソリストは芯のある、あるいは輪郭のはっきりした声である必要があろう。オペラの場合は役柄があって、声質までが枠にはめられるかもしれない。が、演出も様変わりしているこの時代、ぶっといアルトがいてもいいのじゃないか？　とずっと思っている。

明るい艶のある声の持ち主は、それだけですでにスター性に恵まれている。深く朗々と響く声も、しっとりと地を這うような声も、丸くおおらかに包み込むような声も、同じように素晴らしいのだが、人がなによりまず輝く音質に惹かれることを思うと、スター性では次席に甘んじざるを得なくなるのかもしれないというところか。

〝顔と足の裏〟ほどには違わずとも、である。

ハイヒールとスリッパ

いつぞや入院した折、何が気になったかといえば同室の患者さんのスリッパの音。そおっと足元を探るように歩く人、何かしら用事を作っては歩き回る人。ベッドから動けないものにとっては、このパタパタいう音がけっこう耳につく。

かかとが固定されないこのスリッパというもの、履きやすいが脱げやすい。床をたたくか擦るしか歩きようがない。フローリングの床ならパタンパタンいうし、カーペット敷き詰め状態の上を引きずって歩いたら相当なホコリを舞い立てる。

家でならともかく、ここは病院なのだからもう少し足で持ち上げて歩けばいいのに……などと思ったものだ。

そんな時、お向かいの部屋だろう、面会時間が終わろうという頃見舞いにやってくる女性がいた。女性だと思ったのは廊下をやってくる靴音からの想像。それは実に軽快なカッカッカッというヒールの音だった。すでにほかの見舞客も引き揚げ静かになった院内に響き渡るその音はうるさいはずなのに、どういうわけか、そういう感じがしなかった。

元気が一緒にやってくるような気がしていたのかもしれない。

心地のよいテンポ感を持った音楽は安心感があり、安定したリズムが流れている中でなら、聴きながら考えたり想像したりもできるというもの。

たのしい音。

オケ音の中にシロフォンがさりげなく登場すると、絵の中に輪郭が現れるかのようだ。

また、この楽器があることでギュッと締まった緊張や動きのエネルギーが強調される。

木琴だからと言っても音は大きい。跳びはねる軽快な音は実にクリアだ。

ティンパニーにしてもシンバルにしても、とにかく打楽器奏者というのは思い切りが良い性格でなくてはつとまらないものだと常から思っている。〝ちょいと〟間違えた、は無い。〝でっかく〟間違えることになるのだから。

女性にしても実にサッパリしている。フットワークも地についていながらキレがいい感じ。

ちょこちょこ小走り的ではない。大股気味で迷いがない。このあたりのことはパーカッションのリサイタルへ行ってみるとたぶんよくわかると思う。打楽器だけ数人で楽器（ばかりとはかぎらない）を並べて、あっちを叩きこっちを叩き——忙しく立ち回る。が、せかせかバタバタは見せない。手順と動線を計算して楽器の位置は決めているのだろうが、それにしても無駄のない動きで、次の楽器の前にピタと吸いつくように収まる。反対に、暴れる時は徹底して暴れる——武道の立ち回りを連想させるようなことも。

「足腰は鍛えてますから」と、親しいパーカッショニストが言っていた。

足といえば、いつぞや録音時に、

「このリズム、実はタップダンスのイメージなので、スティックでリムを軽く叩いてもらおうかな……」とお願いしたら、

「あらあ、言ってくださればタップシューズ持ってきましたのに〜」

まさか踊ることはしないだろう……しかし驚いた。鞭はともかくシューズまでお

持ちでしたか……

小気味良い転がり方、シャープな音、ドライな音、パンチのある音。打楽器でもあるピアノにおけるこのようなタッチは個性につながるし最強の表想ツールのひとつだと思っている。

❖

オフのひと時、気持ちのよいテラスレストランで水をもらう。大きな水差し＝たとえばスペイン・トレドの焼き物みたいな＝からついでもらうと、すごくおいしい水になる。空気も一緒にゴボッとついでもらうのだ。やわらかい水になっていて、それをワイルドに飲み干した後の〝ホッ〟の一息に顔の筋肉が緩む。

氷を入れるなら、ウイスキーでもなんでもロックがいい。

氷を一気に飲みたい時、氷はじゃまものになるが、やや大きめの三角に欠いた不揃いな氷は、あちこちを向いた不規則な面がたくさんあるせいかヌラヌラと光っていて、つい口で感触を確かめたくなる。この氷ごしになめる水は甘い。ちょっと放っておくと少しずつ溶けながらチュウと音をたてたり勝手にカランと鳴ったりする。器によって変わる音も楽しみの一つ。薄くて小さいグラスの中の華奢なひとかけら、真鍮のマグカップに放り込んだフラッぺ、そうめんのどんぶりの中で漂う、すでに角が丸くなった三つ四つがどんぶりに当たる音……

先日、豪快にぶっかいた氷で焼酎ロックを楽しんだ。自由が丘の焼き鳥屋さんでのこと。グラスも大きいが、氷ひとかけのサイズが半端じゃない。グラスからはみ出した氷に添わせるように焼酎をたらしてゆく。透明な中に焼酎のとろみが油模様を描いてゆくのを眺めていたらグラス半分まできてしまい水で割ろうかと迷ったがそのままにした。

少しだけ溶けるのを待って恒例の儀式をやる。

グラスを持ち、揺すって氷の音を聴くのである。

この時はまだ氷が大きいのでクリスタルな響きにはならず、コ……といった。


透明な音、楽器で言えばフルートか。

やわらかい音のイメージ、例えばラズベリーの実と小さくカットされたメロンがのった小ぶりのプリンを食べているとアタマの中で「私の詩に翼があったなら」が鳴りだす。

小さな妖精や小枝の間をわたる風を思わせる。
……こんなフルートのイメージがある時コロッと変わった。
エネルギーを蓄えた妖精が、山から湖まで自在に飛び回る姿、刻々と変わる雲のよう。元ベルギー王立管弦楽団首席フルート奏者のマルク・グロウェルスのピアソラをベルギー大使館で聴いて、のこと。

美しく輝くシルバーの細い笛なのにふくよかな木管楽器の音がする。

アルトフルートかと思う時があるほどあたたかい。かと思えば、瞬時に吹き矢のごとく飛んでゆく。ピアソラがマルクのために作ったという曲もあった。

❖

皮のパリッとしたバゲットを探すにはトングで叩いて音を聞くことにしている。

鈍く低音がするのはやわらかい、バゲットじゃない。コンコンと乾燥した音でなくちゃ……

近年のパン屋さんでは自分でチョイスしたものをレジに運ぶスタイルなので、指でつつくかトングで叩くかして触感を確かめている。

ホルンやミュート付きトロンボーンでの和音が続くと、あったかくて寄り添いたくなる。オルガンをやるようになったのもこのせいかもしれない。倍音の少ない音色での和音は低域なら地を這ってくる、高域なら空へゆっくりと舞い上がる、中域となると羽根布団にくるまっている感覚。

高めの音で言えば、女性バイオリニストが幸せを感じるとして挙げたのが冨田勲さんのシンセサイザーによる「アラベスク」。ウン十年も前の世界的ヒット。彼女がこの曲を知っていること、しかもシンセものであることにびっくりしたことがある。シンセのあの高音がいいのだそうだ。夢の世界のよう、「虹色の空に上ってゆく幸せな感じ」が自分の音楽とは別世界になるからだとか。

ハープの爪弾きやアルペジオも幸せ感いっぱい。
赤ちゃんの寝息、猫が喉をゴロゴロいわせるあれも幸せな音と言える。

❖

女性がさっそうとバランスよく歩いている姿は、見ていても気持ちよい。
真似をして胸を張りショーウインドウに自分を映して、常に失望するのが私。
問題はリズム。原因は〝膝〟にあり……か？
美しい歩き方の人がすっと前に出す脚は、たいていまっすぐで膝が曲がっているというのはまずない。が、見ていると大概の人の場合、曲がっている、あるいは膝小僧が出っ張っている。若者でも、である。やたら腰を振る人や肩を左右に揺する人もいる。

左右の脚が交互に出る間《ま》にリズムは見える。お尻のちょっとの動きとスマートな脚運びとに生じるわずかな曲線が、スインギーだったりする。モデルウォークとは違う。その曲線を、ごくたまに三十代くらいの女性に見かける。嬉しくなる。

リズムが見えるのだもの。

リズムは身体を刺激するので

ワクワクする……低域D音連続……クレッシェンド

いよいよぞくぞくしてくる……フォルテ

キター！　……燃え上がり爆発……スフォルツアンド～フォルテッシモ

そういえば二〇二三年のＷＢＣはついぞ見ない興奮のゲームであった！

精神分析の講座でのこと。講演が人気の先生は〝間〟の使い方が実にうまい。テンポの良い進行、時々自分で合いの手を入れている。しゃべりっぱなしにはしない。声のトーンの変化でメリハリつけている。突然眼鏡をとって拭き始めたりする。おもしろいので見ていると、意図的に〝リズム外し〟をしているようだった。突然壇上から降りて来たりもするので、睡魔がやってくるスキがない。聴衆への目配りがすごいのかと思ったが、そういうことでもなさそう。

いつになく〝どうしちゃったのかしら?〟と心配になるほどの長い沈黙。何か想いに入り込んでしまったのか? ……と、ちょいと片手を上げて顔の前で何かを追い払っている。

蚊でもいたのかと後で尋ねてみると、

「え？　あ、いやいや、ちょっと空気の入れ替え……」

空気？　……なるほど～。空気が停滞したとみるといろんな技が繰り出されるらしいぞ、この先生。

参加者の「？？？」も〝間〟の内だったのかもしれないと思った。

◈

山が吠えた！

それは木々の枝を揺らし湿った闇を突き抜けてやってきた。

すくんだ。鳥肌が立った。ふたつのゆらめき以外すべてが止まったように見えた。

人々が足早になり私はおいて行かれた。

眩暈がしそうになったその時、さすらうような調べで我に返る。

歩を進め目を凝らすと、木立と人々の黒い影の向こうにあるのは寺の本堂の縁の左右に置かれた一対のかがり火、そしてその中央には紋付袴で凛とした尺八奏者の姿があった。「風音」にあおられるようにかがり火はパチパチと火の粉を散らし火は勢いを増す。

すうっと忍び寄り、漂い、淡々と頭の上を通り過ぎる……尺八の音の動きが見える。

山が吠えると夏の夜の木々の吐き出す息と一緒になって押し寄せてくる〝うねり〟となり、しばらくすると万物の憂いや悲しみに添い寝をするかのようにさすらう。

沈黙の空間は魂の歌。そこら中の精霊と一緒にいる気がした京都祇園宵々山祭。

PCで音楽を聴けるようになって久しいが、大きなヘッドホーンが小さくなりイヤホーンに。

どこでも○○、いつでも聴いていたい？

耳に何かはめている人がとても多い。

耳を悪くするようなことにならなければいいが。

空気の介在もなく直接両耳の中へ音楽が響くのではアタマがパンクしそうに思える。空間は必要だと思う。他の空気の流れる雑音があってこそ平衡感覚が保たれるのではないか？

低音はカットされ、歌ばかりが大きいと、足元をすくわれたままのような気がするのは私だけか？

冬の訪れ？
夜半にちいさくフォーレの「月の光」をかけていたら
出窓のあたりをカサッとかすめてゆく音がした。
柿の一葉か……

ドビュッシーでなくフォーレで正解だったな、とひとり言。

❖

どこからか金木犀の香が微かに匂ってくる。

十字の花もきっとまもなく房から離れて土の上にやさしく落ちるのだろう。

夕方にもなると。まだそれほど木々の葉も色づいていないのにあたりは枯葉のにおいもしてくる。


落ち葉の季節は滑らないように足元ばかりを見て歩いている。

太い樹木、冬は落ち葉があたりを黄色に染めるイチョウ。

葉のすっかり落ちたイチョウ並木というのはまた、黒い枝が力強く空に向かってスッと伸びていて力強い。通りではさぞ掃除のし甲斐があるというものだろう。

香ばしい乾燥したにおい、軽くパリパリいう音、枯葉を思い切りよく踏みしだいてゆく快感。
私はこの落ち葉が積もっているのが好き。

❖

まどろみの時。実はいろんなイメージが見えている。
形にならなくともその絵は動いている。
深い呼吸は、体がそのままその絵の世界に浸り漂っている感を強くする。
絵は短いストーリーとなって動き出す……
ここに音らしきものが聴こえてくることがある。
いわゆる音楽ではなく、効果音でもなくしいて言えばモチーフのような、
ハープの数音の爪弾きのような断片的なものである。

どんな名曲を聴くより幸せを感じる。
……が、眼を開けたらおしまい。
その瞬間、ドキッ！　現実の絵を見せつけられる。

❖

モノトーンの世界なら日本太鼓。

佐渡で初めて太鼓の集団の音を聴いた時には驚き興奮した。

「鬼太鼓座」だった。

お腹の底に響くこと響くこと！　永六輔さんのおかげで「鼓動」や「倉敷天領太鼓」も聴く機会があったが、時代と共にリズムも複雑になり、踊りや乱れ打ちにも目を見張る。

日本太鼓（特に一番大きいヤツ）の音は何といっても圧巻で、イベント音楽に取り込みたくて録音を試みたことが何回かあるが、いずれも生音のようないい音には録れなかったので、以後ホールでのナマ演奏以外での使用はあきらめた。

昔、町内の催事では威勢のいいお兄さんが神輿の上で誇らしげに叩いていたものだが、叩き手がいなくなったためか最近では太鼓だけが山車にかざられているのをよく見る。

祭りばやしの笛も、スピーカーから大きな音で流れてくる。

盆踊りの際にも櫓の上のスピーカーから　♪ドンドンドンカラカッカ　が降ってきた。

都会ではむしろビルの中で見かけるかもしれない。〝太鼓エクササイズ〟をやるスタジオが複数あると聞いた。叩くのはもっぱら若い女性とか。

しかしあの音はやはり、腹の底に響くあのエネルギッシュな集団の太鼓打ちがいい！

「お会式」……四十年程昔のことであるが、ウチの近くの夏の日蓮宗のお寺の行事でスケール的には秋田の竿燈祭には及びもつかないが、夜、万灯と共に白装束の男衆の行列が太鼓を打ち鳴らして行進してくる様子は、クレッシェンドからフォルテになってお寺へ到着するまでかなり迫力がある。たくさんの提灯を竿にかざして揺さぶり踊る姿もかっこいい。一人一人がうちわ太鼓を掲げ、一定のリズムを叩きながら御練りをしてくるのである。その音はテンツクより少し低い音程で、ウチではドンツクと呼んでいる。リズムはこうである。♪どんつくドンツクどんどんツクツク～

遥か遠くからゆっくり近づいてくる集団ドンツクにこちらの血が騒ぎだす。窓から顔を出して万灯の揺れを探す。スタート地点もコースも違うらしいが、皆お寺の前の通りに集まってくる。提灯の数も人数もドンツクのテンポも、それぞれグループごとに違う。

夜九時近く、最後にやってきたグループのリズムがパワフルにドライブして、おおお！　と興奮。腰がムズムズ、外へ飛び出したくなったものだ。

アフリカンでもブラジリアンでもジャズでも、低い太鼓のドコドコ続く音は人をエキサイトさせる。

グルーヴ感を楽しもうと思ったらこれはもうジャズが一番。ゆっくりバラードからミディアム、アップテンポまで、歌有り歌無しも。


カプースチンという人の作品を一度聴いたことがある。現代の音楽家で、さまざまなジャズフレーズが入り組んで出てくる。

弾いて楽しむ余裕があるかどうかは別として、いろいろな音型がぎっちり詰め込まれているのは面白い。聴いている側の耳の焦点の合わせ場所が忙しくて難しい。

聴いていて愉快だったのは、バルトークの「管弦楽のための協奏曲」。オケの演奏者も各所に表現技を競うようなかなりの技術を駆使している。馴染みのあるサウンド音でなくても、吸い込まれてゆく感じ。どんな短いフレーズであろうとセクションごとの言葉のような風の動きのような演奏は五楽章があっという間だ。

奏者は皆リハーサルからして多くのエネルギーを費やしていることだろう。楽器を使いこなし、なお描くにふさわしい音色やイントネーションを練習し、オケ中での役割まで計算し、トータルでの表現を目指すのだから。

その時の演奏はニューヨークフィルハーモニックオーケストラ。

❖

ウチにサントリーホールのステージ木材の一部がある。

会場リニューアルの時に出た、いわば廃材となる床材を、それまでの貢献の記念にと、少しずつカットしてCDスタンドにリメイクして我ら演奏家に分けてくださったのである。

この床板こそどれだけいい響きをしてきたのか、そして自分は何回このステージに立たせてもらっていたのだろう？

ピアノにしろ、タイル敷きのホテルロビーと絨毯敷きのバーとガラス張りのステージでは音質が変わる。もちろん音楽の色合いも。

大きなホールは、大編成の楽曲を聴く以外は席を選んで行くことにしている。

特にピアノやチェロを楽しみたい時はせいぜい五百席くらいの会場にしたい。

❖

風流なコ

わが家のチャコは庭へ出るといつも鼻をひくひくさせていた。
月夜の晩などはいつまでたってても戻ってこないのでドアから覗くと
きちんと正坐して月見をしている。
ため息ついたりしていたもんだ。

フォーレはお好き？

フレンチレストラン〝トゥール・ダルジャン〟でのパーティでのこと。「フランスにちなんだ曲を演目に」とリクエストされて、私が選んだのがフォーレのピースだった。「日本人はフォーレが好きですね」。これはレストラン支配人のお言葉。

その場のお客様がフォーレを好きかどうかはわからないが、ディナーを堪能して満腹の紳士淑女のさらなるデザートとしては胃袋にやさしい音をと思ったのだ。この場合強い刺激臭や振動はよくないだろう。強さや悲しさも。聴いている人のイメージをなるべく限定しないものを……

メロディのみならずハーモニーも丸みを帯びていてなめらかに流れてゆく、かといって眠気を誘うものではない選曲を……

「5月（2つの歌より）」など。「シシリエンヌ」はちょっと酸っぱいかな？

以前、不思議な感じの「枯葉」をピアノトリオでやったことがある。何が不思議って、宙に浮いているような……焦点の定まらないまま終わってしまったのだが、「枯葉」といえばシャンソンのスタンダード。語るような鼻にかかるようなあのフランス語のトーンでおなじみ。

英語の歌詞がついてジャズシーンでも歌われ、歌無しでもしばしば演奏される。その夜はゲストがパトリック・ヌジェさんというアコーディオニスト。小さなダイヤのピアスがとてもよく似合うフランス人。ジャズスタイルでやるのかシャンソンスタイルなのか、どっちなのだろうと思いながら、打ち合わせもなくスタート。

例の△◯×▽～語りの部分からアコで弾き語り。やっぱり雰囲気あるな～などと聞きほれていたらやおらmedium 4beatになって、ああやっぱりここはジャズの店だからね、ウン、と方向見えた気になって弾き始めた私。が、歌はずっとフランス語のままだった＝考えてみれば当たり前なのだが。

普段ジャズシーンでは英語の「枯葉」しか耳にしなかったものにとって、リズムと言語の関係がどうにもしっくりこなくて、アドリブソロになってもふんぎりがつかないまま、ヨレヨレと弾いていたような記憶がある。なんだかとてもふくよかな音に包まれたジャズライブであった。

❖

あなたは？

「あなたはクラシックのピアニストなんですか、それともジャズですか？」

あるオーケストラとのコンサートでのこと。本番ステージ上で司会者から聞かれたことがある。一緒に音楽することの多い人達は私のこのファジーな位置を理解してくれているのだが、それでも時折この類いの質問をされる。そのような時、私は「ピアノ弾きです」と言うことにしている。

指揮者やオケメンバーからこんなふうに言われることもある。

「あれ、あなたはソリストじゃなかったっけ？」

「今日は弾かないんですか？　あ、書きね。ピアノがもう一人いるから変だなと思ったよ」とか、

「ソロ・ピアニストにこんなことやらせて申し訳ない、なんせ予算がないもんだから」なんて、演出家から言われたこともある。

実は私はその時々でいろいろな立場になる。ジャズピアニストと紹介されることもあればピアニストだけのこともある。オルガニストのこともある。

一晩の演目の中にクラシックもあれば映画音楽もジャズも、パイプオルガンまで弾くハメになるのだから〝ピアノ弾き〟は忙しいのだ。これはこれで、たくさんの楽しい想いをさせてもらってうれしいのだけど。自分の意識の中にジャンルの垣根はあまりないが、キャリアからいっても自分のことをコンサートピアニストですとは言えない。クラシック音楽を芸術の域まで高めるというのは大変なことである。私はそのための努力をしてきていないし、そのような環境とも無縁だったから。

私の中でのコンサートピアニストという存在は、大ホールでオーケストラとピアノコンチェルトをものし、また〝ソロを張る〟＝自分が看板で一晩のプログラムを定期的にこなすことができる＝という条件付きで、なおかつ深い知識に裏付けされた音楽を聴かせられる位置にある人のことを指すのである。

「ジャズピアニスト」はそのまんま、ジャズを弾くピアニストであるが、前述のような場合、ジャズという音楽のジャンルのことより、むしろジャズの要素を蓄えたピアニストという意味の方が強い。

要素が何かと言えば、リズムと即興性である。

オケの中のピアノの役割は大変ファジーで、スタンスはジャズではない。クラシックである。タクトを見ている必要がある。きちっと楽譜に書かれているものはそのとおりに弾く。音を補って弾く臨機応変さもいる。どういう音を提供するかピアニスト任せの場合も、部分的に即興性を要求される編曲の場合もある。

「スタジオミュージシャン」といえば臨時雇いのようなもので、インペク（手配師）が目的に合った音楽力を持ったプレーヤーと交渉し仕事として成立する。初めてみる楽譜から曲想を類推して演奏することから始まり、時間内に音楽として完成させる。イメージ力、応用力、判断力など幅広い音楽理解力と表現力を備えたプレーヤーが売れっ子ミュージシャンとなる。

他にも仕事となる音楽ジャンルでいろいろな呼び方をするが、「ピアノ弾き」のテリトリーはとくに広い。

❖

あの曲が弾きたいと思う時、その〝あの曲〟という情報はいつどこでインプットされたのだろう?

曲は何でも、なんとなくピアノを触りたくなる……。

多くのピアノファンが弾きたいと思うトップに挙がるのは、やはりショパンとベートーベンの作品だ。サティが広く知られるようになり、ドビュッシーやラベルの音の世界に興味を持つ人も増えた。ゆるぎなき存在としてバッハ。情緒的音楽が肌に合わない物足りない、という人の原点回帰先でもある。

ポピュラーで挙がってくるのは「アナと雪の女王」やアニソンで、「星に願いを」や「風と共に去りぬ」や「ひまわり」など一連のスタンダード曲はトップの座を明け渡した感。「見上げてごらん夜の星を」が日本の曲としては長く人気を保っているようす。中・高の卒業式に歌われる曲の変化など驚くものがある。

ストレス解消にはショパンの「革命」がもってこいだという人がいた。大音量でCDをかける。痛快DVDを観る、でも自分がピアノをぶっ叩くのが一番だそうだ。

私にも経験がある。

中学時代、クラスの中でよく〝いじめ〟にあっていた頃のこと。暴力的なものではなかったので姿を隠していれば凌げる程度ですんだし、部活では先輩たちと楽しく身体を動かす時間もあった。しかし毎日必ずやってくる休み時間、そして昼休みの間はどう対処してよいかわからず、図書室へ行っても落ち着いて読書などできるはずもなく、保健室はチェックが厳しい……ウロウロした挙句に気が付いたのが誰もいない音楽室。ピアノ個室が何室かある、鍵はかかっていない……これは弾かないテはないだろう……逃げ場所にはもってこいで、いじめがなくても家に帰りたくない時などは放課後も勝手に利用させてもらっていた。

ピアノを弾きたくて、ではなく、ほかに快適な居場所が見つからなかったから、である。

◈

私はその昔、課題を与えられたらひとりでも結構真面目に取り組んでいたが、単なる指の練習の繰り返しは嫌い。まったく変化も発展もないのだもの。それが、先生が音で対話をしてくれたり、一緒に歌ってくれると楽しかったものだ。

先生が変わって、お姉さん達先輩生徒がビシビシ怒られ、手を叩かれ、レッスン開始から十分も経たないうちに「帰れ！」とどなられ、泣きながら部屋から出てくるのを見てからは、レッスンの厳しさというより恐怖感が先に立つようになってしまい、通えなくなり、結局以前のやさしい先生の所へ戻った。

悲しみや怒り、悔し涙がこらえきれずにピアノに向かうこともある。

そんな時、色彩豊かな音を求め、「打鍵」より「響き」に注意を向けて弾いているうちに、時間はかかっても安定したおだやかな自分に戻っているのに気づく。

春が近くなって、イチョウの太い幹からbaby leafが顔を覗かせてくるのを見つけた時のように。


弾きだす前に静かに呼吸する。

無人のホールでひとつだけ音を鳴らしてみると自分が宙に浮く。

ポーンという音の波が色彩を帯びてゆっくり空気を伝って進んでゆくのが見える気がする。

音楽というものは特別使う脳の場所を限定しない。

というより、音楽は脳の多くの領域を活性化させるのだと言われている。


言語脳と音楽脳という分け方があるかどうかわからないが、この切り替えは難しいと思う。脳の使う場所が異なるのかとも考えたことがある。

言葉にしても日本語の場合一つのことを表すのにたくさんの言い方がある。

その中で感性によって選び分けその人の一番想いに近いものを使っていると思う。

イメージを描くときにも浮かんでくる経験からくる何種類もの色やにおいから無意識に、あるいは意識的に選択しているはず。

この両方のコンビがうまくいってはじめて、人とのコミュニケーションがうまく展開してゆくのだろう。なんとなく気分でやっている場合、友人との話さえ行き違いが生じる。音楽の芸術性というものも、作品の確実な部分と不確実なところとの間のゆらぎのような絶妙なバランスを求めることにあるのでは。

絵画と文学については多くの書籍があり、神経科学の研究も多数なされているようである。音楽の場合は脳の領域の接続レベルが高いらしい。

イメージすることの先に表現はある
感覚的に瞬時ににおいをかぎ分けて自分の言葉としてイメージキャンパスから表へ放出する＝表現するということになろう
脳の中にできたイメージに基づいて何らかの刺激の素が加わらなければ、単なるイメージ再現になってしまうことになる理屈無しに感覚に深く刻まれているのは、幼い頃の母の笑顔やにおい、あたたかさだろう。その場の状況などは年数を経た結果どうでもよい背景の空気である。哀しみや不満は事件のひとつで、点として存在するとしても身体に溶け込んだ幸福感などには及ばない。

イチョウのベビーリーフを見つけたり、青空に浮かんだ白い雲のゆったりした流れはホッと心をやわらかくしてくれる。

「自分にしかできない表現を」と意識するあまりの「計算」はそれ自体流れを止める「敵」であるからして、ふだん感じているままの自分で弾ける縛りのないポピュラー・ジャズの魅力はここにあるのだ。

ひと頃「モーツァルトを聴かせると植物が早く育つ」とよく言われたものだが、私個人にとって〝モー音楽〟は癒しどころか、何やら居心地悪くなる音楽なのだ。が、モーツァルトの旅の生涯には惹かれる、特に子供の頃、あの昔にザルツからミュンヘンやウィーン、パリ、ロンドン、そしてイタリアと何度にもわたる馬車での演奏旅行はさぞ大変な生活だっただろう。父君に敬服。

神童モーツァルトはどこでも大歓迎、嬉しい驚きと新たな興味の連続に日々が輝いていて、行く先々で出会う日々のすべてを吸収してゆく旅だったに違いない。その様をこの目で見てみたい！……こう思わせたのは研究書でも、音楽でもない。街の本屋さんでふと手に取った小型の本……ほとばしるような文章に想像を掻き立てられ、興奮、夢、静寂、憧れ、微笑み、そして旅をしたい気持ちでいっぱいになる……

小塩　節氏著の『ブレンナー峠を越えて』であった。

だんだん大きくなる雨粒が痛い。風が怖い。
台風となると強風に木々は悲鳴を上げる。
風にあおられた葉はみな裏側を見せて銀波となり、
並木道は〝銀色の道〟に。

みな宙生《そら》に向かっている。
宇宙に引っ張られて行っている。
荒れ狂う風雨に自然が泣き叫ぶ……

嵐が過ぎれば
雨上がりの陽の光が
あちこちでピシピシとたてる自然の息吹の音を感じる。

「作品を読みなおそう」尊敬する内田光子さんの言葉。

奏法やら奏者のことばかりが取り上げられていた頃（平成の始め）、音楽誌で見つけた。なぜこの私の目に飛び込んできたのかわからないが、それでもずっと顔写真入りのそのページが記憶にある。

今でこそ一般向けの講座も増え、モーツァルトの作品をとってみても楽器や奏法を歴史的に見てみるような話も身近に聞けるようになったものだが、それまでといえば作品の背景はむしろ学者の世界で、弾く側はどうやって弾くかの問題に目が向けられていたように思う。楽譜の版にこだわる理由が私自身よくわかっていなかったが、そこからは解釈の歴史も読み取れることだろう。オリジナルの楽譜を読みたくなるに違いない。作品自体の数が少なかったり、書簡があのようにたくさん残っていなければ、また映画「アマデウス」がなければモーツアルト好きはこれほど多くなかったのではないかと思ったりもするが、ともあれ芸術家の日常は作品と真摯に向き合う研鑽の日々であろうと拝察する。

この本を書いている時、素晴らしいニュースが飛び込んできた。

〝内田光子、グラミー賞クラシック部門の最優秀賞を受賞〟（2011年2月）

ロマン派以降の数々の作品には　解き放たれた鳥の如く　自由に羽ばたく音が見える。

なんとカラフルで視界の広がった世界か！

一人で弾いているより聴衆がいる方が、俄然気分が高揚してうまく弾けるという人がいる。人前で弾くのが好きだという人は、こどもにも大人にも必ずいる。聴いてもらえるのは嬉しい。自分の音が会場に響き伝わってゆく感じは、快感そのものでしょ。

❖

おウチのちっちゃなピアニストは、お母さんが横にいてくれないと弾こうとしなかったり、口出しされるとやめちゃったり、勝手に弾き始めてヨシヨシと思ったら一分もしないうちに「おしまい!」にしたり。お母さんが弾いていると邪魔しに来て、自分が弾く! と言う。どうせすぐやめちゃうだろうに……ほほえましい光景。

いずれも、ピアノが日常の一部に入り込んでいるということだろう。皆がよく知っている〝歌もの〟などになると、お母さんに伴奏するよう要求する子もいるそうだ。

一人でやっていて退屈な人は、伴奏でも連弾でも、とにかく誰かと一緒に弾くといい。連弾ではないが、〝ツイン・ピアノ〟というのも、そこそこ技量のある演奏者同士だったら面白い。もちろんドラムやベースとのセッションは別の刺激や、イメージがもらえて楽しい。何も考えていなくても、音と共に絵が浮かんできたりする。

音が音を呼び、連なるにしたがって膨らみ、〝感じ〟が漂ってくる。音に誘われるように浮かんでくる絵模様、帰結しない物語。それらの背景には、弾いている人のさまざまな記憶のアルバムがある。そして記憶のかけらは、忘れかけていた感覚を呼び戻してくれる。

これらが「表現の素」なのだろう。この「表現の素」が広がってイメージとなり、デッサンのない「音楽絵」になり人々の耳に届く……

春の雨は細くてやさしい。
赤松の葉がサラサラ風に舞うのに似て
絹糸がほぐれて顔を撫でてゆくみたいで傘はいらない。
草木も虫達も慌てる様子はない。

日一日芽吹きの時を待っているもの達の体温がまだ色彩の乏しい景色にあたたかさを添えている。

時の経つのが遅く感じる。

ミュートされた弦のオケが聴こえてくるよう……

春には奈良を歩きたい。

沈丁花が我こそはと言わんばかりにその香を振りまき、若竹がサー……と音を立て、若松の緑に椿の赤、菜の花の黄色がどぎついほどにはっきり浮き出ている。あとほんの数日で桜が満開となり、池にしなだれかかる柳の緑とともに華やかに、古都「斑鳩の里」を彩るだろう。

法隆寺へ向かって裏道を歩く。のんびり歩いているのに身体が汗ばんでくる。見上げる空に邪魔するものはない。あちこちにちょろちょろ用水が流れている。においはそれほど気にならない。昔はこの道も土の小道だったのだろう。小さく区切られた畑にはキャベツやねぎの列、あちこちから鳥の声、オレンジや白の草花、家々は昼寝でもしているかのように沈黙している。たまに通るバイクや車の音のなんとそぐわないことか。町が近づくと瓦乗せの塀や生け垣が多くなる。乾いた明るい黄砂色の土塀に突き当たり、そのまま塀伝いに行く。

土塀の大きな割れ目が丸みを帯び、塗り込められたはずの藁が現れてきている壁面。この中はもう法隆寺なのだと気が付く。途中、案内板の矢印にひかれ北へ上ってゆくと、高い土手にさえぎられた。迂回してなおも行くと大きな池が出現。矢印に誘われ斑鳩神社へ行ってみる。菅原道真が祀られているという小さな神社で、人の姿もなく、ただサワーッと木立が鳴るばかり。モノクロの時代劇映画のシーンを思い出した。

素足に下駄をつっかけた町娘が願掛けに石段を速足で上ってくる……石段の下、鳥居の向こうには湖のような池が鈍く光っている……鈴を鳴らしてお参りする……お堂を仮のねぐらにしているような輩が様子をうかがう……帰ろうとする娘に襲いかかる……よくない！

お堂の中にいるのが机竜之助で、娘が「もし、お武家様」と声をかける……この方がいいか。

にわかに寒気がして土塀の道へ戻った。

観光客の列に飲み込まれそうになりながら、法隆寺正面南大門を目指す。塀や敷石の明るさに反して、伽藍全体が沈み込んで見えた。

中学の修学旅行の時、この堂々とした伽藍配置の中に立って私は何を思ったのだろう……その時代、周りがもっとお寺っぽかったような気がした。

日本最初の世界文化遺産。屋根のなだらかな曲線や回廊に見入る。

人々の声は砂利を踏む音と混じり合い、その辺で粉々になってアタマの上で消えてしまう。やわらかい陽が大講堂の円柱に刻まれた傷の中までも入り込み、触れてみると、ひやっとする建物内部とは別に、ほんのりぬくもっている。

足元が土だったら、どんなにか幸せ気分になれるだろうに。

それにしても「斑鳩の里」っていい響き。

足が痛く、休みたくなってタクシーで寂光院へ。

石段を上がって門をくぐり、茅葺きの建物までのアプローチにほっとする。靴を脱いで本堂に上がると、木の弾力が足にやさしい。ともすると廊下のはめ板がしなったりする。はめ込みのない窓から庭が。書院は進むと、開け放たれた先に、椿や柘植などが刈り込まれたなだらかな曲線が大きく広がっている。かわいらしい庭木戸は垣根があり、全体がやさしい。石灯籠がデンと威張りくさっていたりしない。他方の低い生け垣の向こうにやや煙った街並みが見える。建物の中がしっとりと暗いので、外の景色がいっそう明るく映るようだ。

お茶をいただきながら、町が里や村であった頃の風景……ぼうっと影のように見える遠い向こうのなだらかな大和の山々を背景に、黒っぽい茅葺きの屋根の波が連なり、ところどころ、かまどの白い煙が細く立ち上る……を想像した。

比較的最近のことだが、奈良町へ行った。

猿沢の池にほど近いこの一角へ踏み入ると、不思議なことに時間の感じ方が違ってくる。

時計の目盛が大きく一分の刻みが書かれていない、もしかしたら五分の目盛もないのではと思ってしまう。町中なのに表通りから一本入ると、家々と、鳥の声。

テュルルッ……チュツチー……

人の声は、その合間を縫ってたまに聞こえる程度。

石畳の石も含め、なんでも皆丸みを帯びている。無造作に並べられている鉢植え、生け垣も暴れてはいないが整いすぎてもいない。その佇まいに、まどろんでいる時と同じような快感を覚えるのかもしれない。聖徳太子の顔のように、法隆寺の柱の丸みのように、ふっくらとした飛鳥のイメージ。

盆地のせいか、佇むイメージ。流れゆく感じがしない。陽だまりが実によく似合う。

安心感があって、その中で芽吹きや花々の開花が、平和がいつまでも続くように思わせるのかもしれない。

あとがき

思い浮かんだことを時折メモしているうちに、二十年が過ぎた。あまりに多くのことが起きた二十年。新しかったビルは取り壊され、なじみのお店は閉店、いつの間にか知らない町になっていたりする。食べ物も変わり、ことば自体もその使い方も大きく変わってしまったことにびっくりしている。

この変化を身をもって経験している世代は、むしろ幸せなのかもしれない。体験は感覚センサーにインプットされている。これを周りとコミュニケートしながら更に新しい感覚センサーを働かせて、大切に、しかも充分に伝えることができたらと思う。

言葉はもちろんだが、音楽における「表現」は感性の栄養となり、創造力を育むはずである。ＡＩなど便利に暮らせる世の中になっても、「感性」だけは人間の特性で、何にもコピーされるものではないと思っている。何をどう感じるかは人それぞれの感性にどう響くかで、目の前の将来にさまざまな絵が描かれるだろう。これが音楽の素晴らしさだ。

身体中が総毛立った感激について、どうしても書いておきたい。

アルバム「Longing」録音時のこと、ロンドンフィルメンバーによる演奏の音色。一管編成（小型のオーケストラ編成）だったのだが、特に弦セクションの音の美しさに鳥肌が立った。それはまるで、天から降りてくるような音。絹糸でやわらかく織られた布が、やさしく肩にかかるような……

私の書下ろしオリジナル曲で、ミュージシャン達は全く初めて楽譜を見て、初めて演奏するというのに、すぐに音楽そのものになっていた。この時、私は初めて「音楽するのに言葉はいらない」ことを、はっきり実感した。

素晴らしいオケの音に包まれると、ピアノの手数が減ってくる。意味のある音しか出したくなくなる。そしてそれは生き物のように動き出しあらゆる空間へ伝わってゆく。

おだやかな日、青い空にポッと浮かんだ白い雲のかたまりを見ていると、丸い雲はほんの少しずつ形を変え、横長になり、刷毛になぞられたようになり、しまいにはいなくなってしまう……

◆刊行に寄せて

音のむこうに
その音の向こうに
この音の向こうに
あなたは何を感じますか？
あなたは何を想いますか？
音楽は人が生きて行く上で
無くてはならないものです。
創る人、再現する人、聴く人、すべての人が「心情の共有」を得られる世界です。
芸術は今生きている私たちに、あらゆる人の気持ちを味わえるようにする。
そこに芸術の務めがあるのです。

東洋思想の究極の世界の言い難い相を示す語に「玄」があります。形無く、声無く、始終無く、空間時間を超越して存在して、天地万象の根源となる絶対的なるもの。「玄」

渡壁　輝

渡壁　輝（わたかべ　あきら）プロフィール
音楽監督・演出家。

1936年、東京生まれ。

1960年、東京芸術大学音楽学部器楽科（クラリネット）を卒業。

1961年、日本放送協会入局。1987年まで『夢であいましょう』『音楽の広場』など音楽番組やバラエティショーの制作・演出に携わる。

1988年、サントリーホールのエグゼクティヴ・プロデューサー兼副支配人に就任し、後にサントリーホール総支配人。

1997年、横浜みなとみらいホール館長、2003年に名誉館長に就任。
■受賞歴　『玄─墨の造化』（NHK）：イタリア賞テレビ音楽部門ベネチア市賞（1973年）／『月～竹取物語より』（NHK）：イタリア賞テレビ音楽部門イタリア放送協会賞（1981年）、国際エミー賞公演芸術部門優秀賞（1982年）／オーストリア学術芸術功労十字勲章（1994年）

著者プロフィール

田代 ユリ（たしろ ゆり）

ピアニスト・オルガニスト・作編曲家。

ピアノのクリアな音の世界からジャズオルガンのパワフルな演奏、作編曲までをこなす実力派。豊かな感性が高く評価され、演奏及び編曲、他イベント音楽作曲など様々な音楽シーンで活躍。5歳からピアノを寺西明子氏らに師事。特に影響を受けた音楽家はドン・セベスキー、ネルソン・リドル、渋谷森久、八城一夫、南安雄ら。

日本ハモンド顧問、大阪音楽大学講師を務めた傍ら、各種シンポジウム講演にも参加。オンラインレッスンも継続。

■TV関係
NHK「名曲アルバム」「音楽は恋人」「ときめき夢サウンド」他多数。「素晴らしき地球の旅」（ベルギー・オランダ　カリヨンの旅）ではレポーターも務める。

■ステージ関係
「サントリーホールガラコンサート」「思い出の映画音楽コンサート」「エヴァグリーンコンサート」（14年にわたる）など。東京シティフィルハーモニック管弦楽団他、多くのオケとのポップスコンサートにも客演。ジャズライブもライフワークの一環として続ける。

■アルバム・出版関係
1978年「My secret love」（ビクター）でジャズピアノトリオデビュー。

以後、ソニー・ポリドール・ビクターなどから六十余枚。

代表作「Longing」（アイオロス）、「The Dramatic Pipes」（ART UNION）、「Jazz Piano COLLECTION」（アトリエビジョン）。

オリジナル曲集「いつでもピアノ on stage !」、「ポップアイランド」、「コンサートで弾きたい日本の歌」など。

＊オフィシャルサイト：https://ytashiro37.wixsite.com/yuri-tashiro

音のむこうに

2024年 6 月15日　初版第 1 刷発行

著　者　田代 ユリ

発行者　瓜谷 綱延
発行所　株式会社文芸社
〒160-0022　東京都新宿区新宿1－10－1
電話　03-5369-3060（代表）
03-5369-2299（販売）

印刷所　株式会社フクイン

ISBN978-4-286-25279-7